Het huis aan de overkant

Troef-reeks

de jonge jury 2001

De Troef-reeks richt zich op lezers met een achterstand in de Nederlandse taal, zoals dove en anderstalige kinderen en jongeren.
'Het huis aan de overkant' is geschreven voor jongeren.

Titels in de Troef-reeks

Haan zoekt kip zonder slurf,
door Wajira Meerveld
Een voorlees/prentenboek
voor kinderen van
2 tot 6 jaar

Haan zoekt huis met geluk,
door Wajira de Weijer
(Meerveld)
Een voorlees/prentenboek
voor kinderen van
2 tot 6 jaar

Thomas - een verhaal uit 1688,
door Nanne Bosma
AVI 6*

Ik wil een zoen,
door René van Harten
AVI 5*

Linde pest terug,
door René van Harten
AVI 5*

Mijn vader is een motorduivel,
door Selma Noort
AVI 7*

Het huis aan de overkant,
door Anton van der Kolk
AVI 6*

Het verhaal van Anna,
door Conny
Boendermaker
AVI 8*

Dierenbeul,
door Chris Vegter
AVI 6*

Dansen!,
door René van Harten
AVI 8*

Een vriend in de stad,
door Valentine Kalwij
AVI 6*

Laura's geheim,
door Marieke Otten
AVI 6*

Droomkelder,
door Heleen Bosma
AVI 6*

Een spin in het web,
door Lis van der Geer
AVI 8*

Er vallen klappen,
door Ad Hoofs
AVI 7*

Mijn moeder is zo anders,
door Marieke Otten
AVI 6*

Twee liefdes,
door Marian Hoefnagel
AVI 7*

Gewoon Wouter,
door Marieke Otten
AVI 6*

Magie van de waarheid,
door Heleen Bosma
AVI 6*

Gewoon vrienden,
door Anne-Rose Hermer
AVI 7*

Blowen,
door Marian Hoefnagel
AVI 5*

Breakdance in Moskou,
door Annelies van der
Eijk e.a.
AVI 7*

Kebab en pindakaas,
door Marieke Otten
AVI 6*

Help! Een geheim,
door Netty van Kaathoven
AVI 6*

Te groot voor een pony,
door Stasia Cramer
AVI 7*

Zijn mooiste model,
door Marian Hoefnagel
AVI 6*

Ook gebonden editie

Rammen en remmen,
door Ad Hoofs
AVI 7*

Vogelgriep,
door Chris Vegter
AVI 6*

Pas op, Tirza!,
door Netty van Kaathoven
AVI 5*

Geheime gebaren?,
door Joke de Jonge
AVI 5*

Tessa vecht terug,
door Anne-Rose Hermer
AVI 7*

Beroemd!,
door Iris Boter
AVI 5*

Dik?
door Marieke Otten
AVI 5*

* Het AVI-niveau is op
verzoek van diverse
personen uit het onder-
wijs aangegeven.
Duidelijk moet zijn dat het
AVI-niveau alleen het technisch lezen en niet het
begrijpend lezen betreft.
De AVI-aanduiding is voor
dove kinderen doorgaans
onbruikbaar.
Als een doof kind een
woord technisch correct
leest, zegt dat niets over
zijn begrip van dat woord.

Costa Rica

← Nederland

Het huis aan de overkant

Anton van der Kolk

Met tekeningen van Thé Tjong-Khing

Deventer 2008
Van Tricht *uitgeverij*
www.vantricht.nl

Staatsliedenbuurt

Inhoud

HOOFDSTUK I

Het eiland

Chico zit op het strand en leunt tegen een palmboom.
Hij kijkt over zee.
Een vissersbootje legt aan.
Chico's broer Ramiro stapt uit.
'Hé, wereldreiziger!' roept Ramiro.
'Ben je al klaar voor de grote reis?'
Chico staat op.
Hij gaat naar zijn broer toe.
'Bijna', zegt Chico.
'Wil je mee naar Holland?'
'Ik kan mijn vrouw en kinderen niet in de steek laten',
zegt Ramiro.
'Ik moet werken.'
Hij gooit de gevangen vis op het strand.
Ramiro is Chico's oudste broer.
Hij is dertig jaar en heeft vier kinderen.
Chico is zestien jaar.
Hij woont in Costa Rica, in Midden-Amerika.
'Zo lang van huis is niks voor mij', zegt Ramiro, terwijl hij
met een scherpe steen de vinnen van een vis schraapt.
'Ik hoor hier thuis.
Op het eiland.
Ik denk dat ik na een week al heimwee zou krijgen.'
'Ik niet hoor', zegt Chico.
'Nee', zegt Ramiro, 'jij niet.
Jij houdt van avontuur.
Je bent een echte avonturier.'

Chico lacht.

Avonturier, dat klinkt mooi.

'Hier!' zegt Ramiro.

Hij werpt hem een vis toe.

'Geef maar aan mama.'

Chico pakt de vis op.

Hij kijkt Ramiro na, die naar huis sjokt.

Chico heeft zes broers.

Ze wonen alle zes op het eiland en het zijn allemaal
vissers.

Maar Chico is anders.

Hij is geen visser.

En hij woont ook niet meer op het eiland.

Twee jaar geleden is hij naar de stad verhuisd.

Chico woont nu bij zijn zus Rosa.

Af en toe gaat hij terug naar het eiland.

Zoals nu.

Om afscheid te nemen van zijn familie, want hij gaat
op reis.

Naar Holland.

Hij gaat op bezoek bij zijn zus Lisa.

Ze is getrouwd met Henk.

Vier jaar geleden kwam Henk voor zijn werk naar
Costa Rica.

Hij werd verliefd op Lisa.

En Lisa werd verliefd op Henk.

Henk ging terug naar Nederland.

Een half jaar later ging Lisa naar hem toe.

Holland, denkt Chico, terwijl hij naar de spelende
kinderen op het strand kijkt.

Een paar kinderen duiken vanuit een boom in het water.

Sommigen zoeken kreeftjes op het strand of maken
kokosnoten open.

Ze schrapen met hun tanden de kokos van de bast.
Ze spelen zoals Chico vroeger speelde.

Het eiland is een fijne plek om jong te zijn.
Maar toen Chico veertien jaar was, wilde hij er weg.
Hij wilde naar de stad.
Hij wilde meer van de wereld zien.
Chico loopt verder.
Hij komt langs de school.
Die is dicht, want het is vakantie.
Zes jaar heeft hij op school gezeten, tot zijn twaalfde.
Maar hij heeft er niet zoveel geleerd.
Nou ja, hij kan lezen en schrijven.
Veel mensen op het eiland kunnen dat niet.
Maar hij kon moeilijk opletten op school.
Hij zat vaak te dromen.
Dan keek hij naar buiten.
Naar het strand en de zee.
Of naar de mangobomen.
Dan had hij zin om te zwemmen.
Of hij wilde in de bomen klimmen en mango's plukken.
En vaak droomde hij over verre landen aan de andere kant
van de zee.

Chico draait zich om.
Zijn broer Pepe klimt juist in een palmboom.
Hij gaat kokosnoten plukken.
Hij klimt erin alsof de palmboom een trap naar de
hemel is.
'Pas op!' roept Pepe.
Een kokosnoot valt met een droge plof op de grond.
Chico pakt hem op.
'Dank je wel, Pepe', zegt Chico.
'Hier is er nog een', roept Pepe.

Met een kapmes slaat hij een noot los.
Dan suist de noot langs de stam naar beneden.
Met twee kokosnoten en een vis gaat Chico verder.

HOOFDSTUK 2

Een blikje poedermelk

Chico loopt langs het huis van zijn opa en oma.
Zijn opa staat buiten.
Hij maakt koffie op een houtvuur.
'Chico, kom eens hier', zegt opa.
Chico gaat naar hem toe.
Opa is mager en heeft een grote bos grijs haar.
Hij is 78 jaar.
Chico ruikt dat hij heeft gedronken.
Opa loopt wankelend naar zijn stoel.
Hij gaat zitten.
Op de houten tafel staat een fles rum.
'Wil je ook?' vraagt opa.
Chico schudt zijn hoofd.
'Je bent nooit een drinker geweest', zegt opa.
Hij schenkt een bekertje vol en neemt een slok.
'De jeugd van tegenwoordig kan niets meer', moppert hij.
'Toen ik jong was, was dat wel anders.
Heb ik je al eens verteld over de krokodil waarop ik heb
gejaagd?'
'Ja, opa', zegt Chico.
'Je moet een krokodil met een harpoen onder zijn oksel
raken, jongen', zegt opa.
'Wat een kanjer was het.
Zeker tien meter lang.
Hij had me bijna te pakken.
Ik zie die bek nog voor me.
Het was op het nippertje.

Oma komt naar buiten.
Ze gaat in een schommelstoel zitten.
'Wanneer ga je weg?' vraagt ze.
'Over een week', zegt Chico.
'Jij gaat zo'n grote reis maken', zegt oma.
'Dat konden wij vroeger nooit.'
'Nee', zegt opa.
'Ik had wel andere dingen aan mijn kop.
Krokodillen en slangen vangen.'
'En achter de vrouwen aan zitten', zegt oma.
'Dat kon hij ook.'
Opa glimlacht.
'Ik was een mooie man, toen ik jong was', zegt hij
dromerig.
'Mooi en sterk.'
'En nu ben je een oude zuiplap', zegt oma.
Ze lacht.
'Schenk mij ook eens in.'
Opa schenkt een kopje rum voor oma in.
'Hoelang duurt zo'n reis?' vraagt ze.
'Veertien uur', zegt Chico.
'Wat een avontuur', zegt opa.
'Ik word al moe als ik eraan denk.'
Hij staat op en strompelt naar binnen.
'Ik ga even rusten', zegt hij.

Chico gaat naar het huis van zijn ouders.
Zijn vader veegt het plein onder de mangoboom aan.
Zijn moeder is in de keuken.
Ze kookt rijst op een houtvuur en roert in een pan.
Chico legt de vis en de kokosnoten op tafel.
'Wat een mooie', zegt zijn moeder, terwijl ze de vis oppakt.
Ze legt hem in een bak water.
Dan gaat ze tegenover Chico aan tafel zitten.

'Vroeger kocht ik poedermelk', zegt ze.
'En op het blikje stonden een koe en een molen.
Die poedermelk kwam uit Holland.
Ik keek naar dat plaatje en ik dacht:
Daar wil ik ooit nog eens naar toe.
En eerst ging Lisa.
En nu ga jij naar het land van koeien en molens.'
Chico glimlacht.
'Misschien gaat u ook nog eens', zegt hij.
'Ja', zegt Chico's moeder.
'Dat zou ik graag willen.'
'U verdient het wel', zegt Chico.
Haar hele leven heeft moeder hard gewerkt.
Ze heeft zestien kinderen grootgebracht.
Nog nooit heeft ze vakantie gehad.
'Zo'n reis is zo duur', zegt ze.
'Dat kan ik nooit betalen.'
Ze staat op en loopt naar het houtvuur.
Ze pakt de pan met rijst.
'En ik?' vraagt Chico.
'Verdien ik het?'
'Natuurlijk, jongen', zegt zijn moeder.
'Ik gun het je van harte.'

Ze schept een bord rijst met bonen op en zet het voor
Chico op tafel.
Het wordt schemerig.
De kippen klimmen langs een schuine paal de boom in.
De krekels snerpen oorverdovend op het golfplaten dak
van de keuken.
Chico eet rijst met bonen, ze smaken heerlijk zoet.

HOOFDSTUK 3

Dag kindertijd

's Avonds is er feest op het strand.
Kinderen hebben een vuur gemaakt van palmtakken.
Het knettert en vonkt.
Ze doen spelletjes en Chico speelt mee.
'Pak me dan, Chico!' roepen ze.
Chico rent achter hen aan.
Dan pakt Pepe zijn gitaar.
'Het volgende lied is speciaal voor Chico', zegt hij.
'Omdat hij een verre reis gaat maken.'
Iedereen gaat in een kring rond Pepe zitten.

Pepe zingt:
'Ik kom van ver om mijn liefje te zien.
Ik pluk de mooiste bloemen voor haar.
En ik hoop dat God
mij toestemming geeft
om deze bloemen te plukken.

Jouw blauwe ogen maken mij gek.
Je bent zo slank.
Jij met je mooie borsten.

Bereid je maar voor, liefje
want vannacht gaan we er vandoor.
En de trouwerij regelen we later wel.

Jouw blauwe ogen maken me gek...'

De stem van Pepe snijdt door de nacht.
Hij zingt met zo veel gevoel.
Vooral als hij wat gedronken heeft, zoals nu.
Chico ligt achterover en kijkt naar de sterrenhemel.
Jouw blauwe ogen, denkt hij.
In Costa Rica kent hij niemand met blauwe ogen.
Holland is het land van koeien, molens, melk en
blauwe ogen.
Pepe zingt verder en iedereen zingt mee.

'Dichtbij de zee werd ik verliefd.
Ik kuste je zoals de maan, het schuim en de wind mij kusten.'

Dichtbij de zee, denkt Chico.
Holland is ook dichtbij de zee.
'Kom op, Chico', zegt tante Lupe.
'Dansen!'
Chico staat op en zwiert met Lupe rond het vuur.

De volgende dag staat hij vroeg op het strand.
Hij omhelst zijn moeder.
Hij stapt in Ramiro's boot.
De eilandbewoners zwaaien hem uit.
'Goede reis!' roepen ze.
De motorboot spuit weg.
Chico kijkt naar het eiland.
Het wordt langzaam kleiner en kleiner.
Waarom is hij geen visser?
Waarom kon hij niet op het eiland blijven wonen?
Omdat ik een avonturier ben, denkt Chico.
Hij glimlacht.
Dag eiland, denkt hij.
Dag mooi, fijn eiland van mijn kindertijd.

HOOFDSTUK 4

Vegen en boenen

Chico is terug in het huis van zijn zus Rosa.
Sinds hij bij Rosa woont, werkt hij bij haar in huis.
Chico veegt en boent.
Hij schrobt en poetst.
De vloer van de woonkamer glimt.
Nu nog de tegels van de binnenplaats.
Elke dag veegt Chico's bezem over de vloeren en tegels.
Al twee jaar lang.
Soms enkele keren per dag.
Het is er vaak stoffig, de wind blaast zand en blaadjes
naar binnen.
Zijn zus Rosa wil dat de vloeren altijd schoon zijn.
De vloer van de woonkamer.
De tegels van de binnenplaats.
Eerst vegen, dan boenen.
Chico puft uit, leunend op de bezem.
Hij tuurt over de koffievelden en weer denkt hij
aan Holland.
Hij voelt de spanning in zijn maag.
Nog maar een paar dagen.
Dan gaat hij naar zijn zus Lisa en haar man Henk.
Ze hebben een dochter.
Ze heet Sandra, kleine Sandra van twee jaar.
Chico kent haar alleen van foto's.
En nu gaat hij bij hen op bezoek.
Voor het eerst naar het buitenland.
De reis is een cadeau van Rosa en haar man.

Omdat hij zo'n goede hulp is.

'Je hebt het verdiend', zei Rosa.

Ja, denkt Chico, ik heb het verdiend.

Er zit een vlinder op een struik.

Chico pakt hem bij zijn vleugels.

Hij zet hem in de palm van zijn hand.

De vlinder blijft zitten.

Wat is hij mooi.

Als je een vlinder bent, hoef je niet te schrobben om te kunnen vliegen.

Je hoeft niet na te denken over wat je worden wilt.

Een vlinder hoeft alleen maar mooi te zijn.

'Ga maar', zegt Chico.

'Vlieg maar weg.'

De vlinder fladdert weg.

Chico schrobt door.

Hij poetst en zingt.

Zingen maakt het werk lichter.

Af en toe maakt hij een dansje.

Dansen, daar is hij gek op.

Elk weekend gaat hij naar de disco.

Dan swingt hij totdat het feest is afgelopen.

Zonder dans en muziek kan hij niet leven.

De bezem zwiert over de tegels.

En Chico zwiert met hem mee.

Hij kijkt op, in het lachende gezicht van Rosa.

'Hé Chico', zegt Rosa, 'waar denk je aan?

Stelt die bezem een Hollands meisje voor?'

Chico bloost.

Daar heeft hij nog helemaal niet aan durven denken.

'Een meisje, blond en romig als Hollandse kaas.

Dacht je daar aan?' lacht Rosa.

'Ze kunnen wel wat beters krijgen', zegt Chico.

'Hollandse meisjes zijn gek op bruine jongens.
Wist je dat?' zegt Rosa.
'Doe niet zo raar', zegt Chico.
Hij weet wel dat Rosa hem plaagt.
Chico is veel te verlegen met meisjes.

Hij gaat naar binnen.
Hij pakt zijn foto-album.
Daarin bewaart hij de foto's die Lisa opstuurt uit
Holland.
Chico kijkt naar een foto waarop zijn nichtje op een
slee zit.
'Je kunt beter in de zomer komen', schreef Lisa.
'Het is zo koud in de winter.'
Maar Chico wilde in de winter naar Holland.
Hij wil sneeuw en ijs zien.
Bevroren kanalen en witte vlaktes.
Zoals op de foto's van Lisa.
Hij tuurt naar een foto waarop Lisa in de sneeuw zit,
naast een sneeuwpop.
En op een andere foto schaatst Henk op een kanaal.
Het is net een sprookjeswereld.
Die wil hij in het echt zien.
Over een paar dagen staat hij daar ook.
Chico kan het nauwelijks geloven.
Het lijkt wel een droom.

HOOFDSTUK 5

Is hij wel een echte man?

Moet hij zijn hele leven schrobben en boenen?
Andere jongens en mannen werken in een fabriek.
Daar is hij niet geschikt voor.
Kantoor is ook niks.
Daar moet je een opleiding voor hebben.
Chico is nooit naar een middelbare school geweest.
Hij heeft alleen de lagere school gedaan.
Soms werkt Chico 's avonds in een restaurant.
Hij helpt in de keuken.
Hij bedient de gasten.
Zo verdient hij wat extra's.
Maar het liefst zou hij kunstenaar worden.
Pablo, een vriend van hem, is kunstenaar.
Hij heeft een grote werkplaats.
Chico gaat er vaak kijken.
Hij heeft veel bewondering voor Pablo.
Pablo maakt van alles.
Hij tekent en schildert.
En hij maakt beelden:
mooie glanzende vrouwenlichamen uit hout,
herten en uilen uit steen en gips.
Pablo is een echte kunstenaar.
In de werkplaats ruikt het altijd naar verf en terpentine.
En naar gips en hout.
Chico houdt van die geur.
Pablo geeft Chico soms les.
Chico leert veel van hem.

'Die lijn staat verkeerd', zegt Pablo.

Of: 'Dat is toch geen vogel.

Het lijkt wel een zweefvliegtuig.

Het leeft niet.'

En dan tekent Pablo een vogel, die zowat van het papier afvliegt.

'Een tekenaar moet goed kijken', zegt hij.

Chico oefent ijverig.

Maar zijn vogels blijven zweefvliegtuigen.

'Ik leer het nooit', zucht Chico.

'Als je niet doorgaat, zul je het nooit weten', zegt Pablo.

'Je moet meer oefenen.'

Maar Chico heeft weinig tijd.

Hij moet schrobben en poetsen.

Koken en wassen.

Dat kan hij goed.

Hij weet wel dat er soms raar over hem wordt gepraat.

'Is hij wel een echte man?

Hij doet alleen vrouwenwerkjes.

Is hij geen homo?'

Chico weet niet precies wat hij is.

Hij heeft wel een vriendin.

Ze heet Lucia.

Hij praat met haar en hij danst met haar.

Meer niet.

Lucia is meer een soort zus.

Hij is nog nooit verliefd geweest.

Niet op een meisje en ook niet op een jongen.

HOOFDSTUK 6

Een dikke trui

Chico staat met zijn moeder en Rosa in de vertrekhal
van het vliegveld.
Zijn moeder is speciaal van het eiland gekomen om
afscheid te nemen.
Chico heeft zijn bagage al afgegeven.
Zijn vliegtuigticket is gecontroleerd.
Het is zover.
Hij gaat op reis naar Holland.
Alles gaat goed tot nu toe.
'Spannend, hè?' zegt Rosa.
Chico knikt.
Hij voelt de spanning door zijn lichaam jagen.
Vooral als hij naar buiten kijkt en dat gigantische
vliegtuig ziet staan.
Zíjn vliegtuig!
Hij drentelt zenuwachtig heen en weer.
Dan gaat hij weer bij zijn moeder en Rosa staan.
'Heb je je trui bij je?' vraagt zijn moeder.
Chico wijst naar zijn schoudertas.
Daar zit de trui in.
'Je zult hem nodig hebben', zegt Rosa.
Het is een warme dag.
Chico's moeder waaiert met een krant frisse lucht in
haar gezicht.
Maar als Chico over veertien uur uit het vliegtuig stapt,
zal het koud zijn.
Zo koud dat hij een dikke trui aan moet trekken.

Hij kan het zich niet voorstellen.

'Het is tijd', zegt Rosa.

'Je moet weg.'

'Veel plezier, jongen', zegt Chico's moeder.

Ze omhelst hem en drukt haar wang tegen de zijne.

Ze veegt tranen uit haar ogen.

Ze huilt altijd bij een afscheid.

Zo is ze nu eenmaal.

Chico kust haar op haar wang.

Hij voelt ineens dat ook zijn ogen tranen.

'Vergeet niet op te bellen als je bij Lisa en Henk bent', zegt zijn moeder.

'Nee mama', zegt Chico.

Hij omhelst Rosa.

'Goede reis, broertje', zegt ze.

Chico gaat naar de paspoortcontrole.

De beambte kijkt in het boekje en dan kijkt hij naar Chico.

Chico voelt zijn hart bonken.

Zou zijn paspoort wel in orde zijn?

Gaat er op het laatste moment niet iets mis?

De beambte knikt en geeft het paspoort terug.

Chico zucht.

Hij zwaait naar Rosa en zijn moeder.

En dan is hij alleen.

HOOFDSTUK 7

De reis

Chico zit in het vliegtuig, bij het raampje.
De motoren loeien.
Het vliegtuig maakt vaart en komt los van de grond.
Het is net alsof Chico's maag zich omdraait in zijn lijf.
Al snel vliegt hij boven de bergen.
'Dag Costa Rica', mompelt hij.
'Dag mama, dag Rosa, dag eiland.'
Even later vliegt hij boven de oceaan.
Het is een adembenemend gezicht.
De zee is zo blauw als op een ansichtkaart.
Chico voelt geen angst of onzekerheid meer.
Hij is blij en opgewonden.
Wat is dit mooi!
Zo moet een vogel zich voelen die een zweefvlucht maakt.
Lange tijd kijkt Chico uit het raampje.
Dan wordt de lucht bewolkt.
Het lijkt wel een sneeuwlandschap met daarboven de
blauwe hemel.
Blauw zover als je kunt kijken.
Zeker een uur kijkt Chico onafgebroken uit het raampje.
Als hij die kleuren eens zou kunnen schilderen!
Dan worden zijn ogen moe van de schittering.
Hij zet zijn koptelefoon op en luistert naar muziek.
Langzaam gaat de zon onder.
Het wordt schemerig en de schemer gaat over in
duisternis.
Naast hem zit een vrouw met een kind.

De vrouw klapt het tafeltje uit.
Chico doet dat ook.
Vaak moet hij eten klaarmaken.
In het restaurant moet hij mensen bedienen.
Nu wordt hij bediend.
Dat is fijn.

Er is een tussenlanding op Curaçao.
Chico pakt zijn notitieboekje.
Daar wil hij alles in schrijven wat hij meemaakt.
Hij schrijft:

15 december. Ik zit in een vliegtuig.
Boven de wolken regent het nooit.

Chico glimlacht.
Het is logisch, maar hij had er nog nooit over nagedacht.
Meer weet hij niet te schrijven.
Hij is moe.
Als het vliegtuig weer opstijgt, probeert hij te slapen.
Dat valt niet mee in een vliegtuigstoel.
Af en toe vallen zijn ogen dicht.
Hij luistert naar het gebrom van de vliegtuigmotor.
Dan schrikt hij weer wakker, omdat het vliegtuig
schommelt.
Hij pakt zijn boekje.
Hij schrijft:

Soms schommelt het vliegtuig als een schip op de golven.

De uren gaan langzaam voorbij.
Elke keer denkt hij: 'Ik zit in een vliegtuig.
Ik ga naar Holland.'
Dan dommelt hij weer in.

HOOFDSTUK 8

Problemen bij de douane

Op een beeldscherm ziet Chico waar het vliegtuig nu is.
Ze vliegen over Engeland.
Langzaam beweegt het vliegtuig naar de kust van
Nederland.
Chico voelt zijn hart kloppen.
Hij is er bijna.
Hij kijkt naar buiten.
Het wordt langzaam licht.
Holland is een lappendeken.
Heel anders dan Costa Rica.
Daar zag hij groene en bruine bergen.
'In Nederland vriest het', zegt een stem.
'Het is zeven graden onder nul.'
Chico huivert.
Het vliegtuig landt zacht.
De passagiers applaudiseren.
Chico klapt ook.
Dan pakt hij zijn trui uit de schoudertas, trekt hem aan
en gaat het vliegtuig uit.
Hij komt in een lange gang.
Chico rilt van de kou.
Hij loopt met de reizigers mee naar de douane.
Overal zijn mensen in dikke kleren.
Bij de douane gaat hij in de rij staan.
Als Chico aan de beurt is, kijkt de douanier in het
paspoort.
Dan kijkt hij naar Chico.

De man zegt iets.

Chico begrijpt het niet.

De man gebaart met zijn hand.

Hij moet blijven staan.

Chico's hart bonkt.

Waarom mag hij niet verder?

Iedereen mag doorlopen, behalve hij.

Daar komt een vrouw aan.

Hij moet met haar mee.

Ze gaan een kantoortje in.

Chico moet gaan zitten.

Tegenover hem zit een man in uniform aan een bureau.

Het is een soort politieagent.

De man vraagt wat.

Chico begrijpt het niet.

Waarom wordt hij eruit gepikt?

Wat denken ze?

Hij is toch gewoon op vakantie.

Meer niet!

De angst slaat hem om het hart.

Zou het op het laatst dan nog allemaal mis gaan?

Mag hij het land niet in?

Dat zal toch niet waar zijn!

Chico zucht.

Hoe lang moet hij hier blijven?

Een vrouw komt naar hem toe.

Ze spreekt Spaans.

Hij moet opnieuw zijn paspoort laten zien.

De vrouw vraagt hoeveel geld hij heeft.

Hij heeft tweehonderd dollar.

'Hoelang blijf je?' vraagt ze.

'Twee maanden', zegt Chico.

'Dan is tweehonderd dollar wel weinig', zegt de vrouw.

Weinig?

Voor Chico is het een kapitaal.

Daar heeft hij maanden voor gewerkt in de avonduren.

'Wacht hier', zegt de vrouw.

Ze wijst naar een stoel.

Chico gaat zitten.

Hij kijkt verward naar de man voor hem.

Die tuurt naar een computer.

Is er iets verkeerd gegaan?

Waarom mochten de andere mensen wel door en hij niet?

Wordt hij teruggestuurd?

Dan is alle moeite voor niets geweest.

Chico schuifelt op zijn stoel.

Naast het kantoortje is een grote wachtruimte.

Daar zitten nog meer mensen.

Ze zijn allemaal bruin.

Zouden die ook niet verder mogen?

Ze hangen vermoeid in de stoelen.

Alsof ze al uren wachten.

Waarom gebeurt er niets?

Hij zit hier nu al zeker een half uur.

Moet hij ook nog uren zitten?

De man achter de computer kijkt niet op of om.

Wat een dooie diender is dat.

Dan gaat er ineens een deur open.

'Hallo, broertje', hoort hij.

Chico springt op.

'Lisa!' roept hij.

'Wat fijn dat je er bent', zegt Lisa.

'Hoe was de reis?'

'Prachtig', zegt Chico.

'Ik heb nog nooit zoiets moois gezien.

Boven de wolken.

Het leek de noordpool wel.

Al die wolken, als ijsbergen.
Maar waarom mag ik niet verder?'
'Maak je niet ongerust', zegt Lisa.
'Henk regelt het wel.'
Henk staat bij de dooie diender.
Hij praat zenuwachtig.
Hij moet zijn paspoort laten zien en een formulier
invullen.
Na een paar minuten komt hij naar Chico en Lisa toe.
'Wat een gedoe', zegt hij.
'Maar nu is het in orde.
Ze dachten dat je een vluchteling was.
Maar ik heb alles uitgelegd.
Kom, nu snel weg.'

Ze halen de bagage op.
Dan gaan ze naar de trein.
Ze stappen in.
Het is er lekker warm.
Ze rijden langs weilanden.
Kilometers weilanden.
Het is een vreemde wereld.
Alles trekt voorbij als een film.
Kaal, alles is kaal.
De bomen en de struiken.
Er zijn geen bloemen.
In Costa Rica zijn de bomen altijd groen.
En er zijn altijd bloemen.
Nu begrijpt hij wat die strepen zijn, die hij vanuit het
vliegtuig heeft gezien.
Het zijn wegen en sloten, die door de weilanden lopen.
Chico ziet grote boerderijen met schuren en
hooibergen.
Alles is anders.

'Je boft', zegt Henk.
'We hebben een strenge winter.
Er is veel ijs.
Kan je leren schaatsen.'
Chico lacht.
'Schaatsen', zegt hij.
'Ja, ik wil leren schaatsen.'

Als ze bij de stad komen ziet hij hoge gebouwen.
Zo hoog heeft hij ze nog nooit gezien.
Chico kan het nauwelijks geloven dat hij echt in
Holland is.
Zo lang heeft hij hiernaar verlangd.
En nu hij er is, voelt hij zich moe.
Wat was er zojuist gebeurd bij de paspoortcontrole?
Hij weet het niet meer.
Hij is moe.
Moe en verward.

HOOFDSTUK 9

Bevroren water

Ze stappen uit de trein.
Ze gaan een roltrap op en komen in een enorme
stationshal.
Het licht is er vreemd blauw.
Alweer honderden mensen bij elkaar.
Ze lopen langs elkaar heen.
Het is net een mierenhoop.
Chico loopt naast Lisa.
Zo meteen komen ze vast wel ergens waar het rustig is.
Zijn benen en zijn rug doen pijn.
Hij gaat eigenlijk het liefst meteen naar bed.
De eerste dag moet je overslaan.
Het is allemaal te verwarrend.
Ze gaan het station uit.
Ze lopen door vreemde straten.
Met hoge, grijze gebouwen.
Het is overal hetzelfde in de steden.
Lawaai en drukte.
Maar langzamerhand wordt het wat rustiger.
Ze lopen langs een diepe weg waar mensen iets doen...
Ze glijden wonderlijk vooruit.
Chico blijft staan.
Het is geen weg.
Het is bevroren water, het is ijs!
Nu herkent hij het ineens van een foto.
Die mensen schaatsen.
'We zijn er bijna', zegt Lisa.

'Over de brug heen en nog een straatje door.'

Chico kijkt naar de schaatsers.

Hij had niet verwacht dat hij die al zo snel zou zien.

Hij zit meteen middenin een vreemde wereld, die nog steeds niet echt lijkt.

'In deze straat wonen wij', zegt Henk.

De straat is een lange muur met deuren en ramen.

De huizen zijn aan elkaar geplakt.

Henk opent een van de deuren.

'Dit is ons huis', zegt hij.

Ze gaan naar binnen.

Er hangt een feestelijke tekening aan de deur.

'Bienvenido Chico', staat erop.

Welkom Chico.

De kamer is versierd met ballonnen en slingers.

'Ik ga Sandra halen', zegt Lisa.

'Ze is bij de buren.'

Even later komt ze terug met Sandra in haar armen.

Ze slaapt.

'Wat is ze mooi', fluistert Chico.

'Ik zou haar willen oppakken en knuffelen.'

'Later', zegt Lisa.

Ze brengt Sandra naar bed.

's Avonds belt Chico op naar Costa Rica.

Om te vertellen dat de reis goed is gegaan.

Hij krijgt Rosa aan de lijn.

Het is net alsof ze vlakbij is.

Zo duidelijk hoort hij haar stem.

Hij zegt dat de reis mooi was en dat hij ijs heeft gezien.

'Hier is het donker', zegt hij.

'Bij ons is het midden op de dag', zegt Rosa.

Het is erg verwarrend.

Rosa klinkt vlakbij, maar ze is op een plek waar de zon nog schijnt.

Chico hangt op.

Hij is moe.

Lisa brengt hem naar een kamer.

'Ga hier maar slapen', zegt Lisa.

'Welterusten.'

'Tot morgen', zegt Chico.

Lisa doet de deur dicht.

HOOFDSTUK 10

Het huis aan de overkant

Als Chico in bed ligt, kan hij niet slapen.
Hij gaat zijn bed uit en schuift de gordijnen open.
In het donker schijnt het licht van lantaarns.
Hij kan zo in het huis aan de overkant kijken.
Er zit een vrouw aan tafel.
Tegenover haar zit een meisje.
Ze praten.
Het is net alsof hij naar een film kijkt.
Een film zonder geluid, want hij hoort niets.
Hij ziet alleen de monden bewegen.
Het meisje staat op.
Ze verdwijnt even uit beeld.
Ze komt terug met twee glazen.
Het is wonderlijk.
Hij kan die mensen zien, maar zij kunnen hem niet zien.
Dan loopt het meisje naar het raam.
Ze kijkt naar buiten.
Nu ziet hij haar goed.
Ze is mooi.
Ze heeft donkerblond haar.
Enkele plukken vallen naast haar gezicht.
Hoe oud zou ze zijn?
Zestien ongeveer, net als ik, schat Chico.
Het meisje kijkt over straat, alsof ze iemand verwacht.
Haar vriendje misschien.
Chico lacht.
Natuurlijk heeft ze een vriend.

Dan kijkt het meisje recht voor zich uit.

En dan naar boven.

Recht in Chico's kamer.

Chico blijft doodstil staan.

Het meisje kijkt hem aan.

Of lijkt dat maar zo?

Het licht op zijn kamer is uit.

Ze kan hem toch niet zien in het donker?

Dan kijkt ze weer de straat in en even later trekt ze de gordijnen dicht.

Alsof een toneelvoorstelling is afgelopen.

Chico glimlacht en doet een stapje naar voren om de gordijnen te sluiten.

Hij schrikt, want zijn benen raken de muur en de muur is gloeiend heet.

Hij stapt terug en voelt voorzichtig met zijn hand aan de muur.

Het is geen muur.

Het is een ding van geribbeld metaal dat zo warm is als een oven.

En er komt geluid uit.

Het ruist als een riviertje.

Wat zou het zijn?

Chico sluit de gordijnen.

Hij gaat zijn bed in en wrijft over de plekken waar dat warme geribbelde ding zijn benen raakte.

HOOFDSTUK II

Lisa de eskimo

Als Chico wakker wordt, ligt hij in een vreemd bed in een vreemde kamer.
Ik droom dat ik in Holland ben, denkt hij.
Zometeen word ik wakker en dan ben ik gewoon in Costa Rica.
Hij kijkt om zich heen en ziet een grote kleurenfoto met spelende poesjes.
Hij ziet een vreemde kast en een wekker: halftwaalf.
Ik droomde dat ik naar buiten keek, denkt hij.
Ik zag een huiskamer en een meisje.
Had hij het nou gedroomd of was het echt?
Hij weet het niet meer.
Hij staat op en trekt zijn kleren aan.
Hij gaat naar het raam toe, maar blijft dan staan.
Nu ziet hij dat geribbelde ding van metaal.
Hij raakt het voorzichtig met zijn vingertoppen aan.
Meteen trekt hij ze terug.
Het is nog steeds gloeiend heet.
Dat ding verwarmt de kamer!
Ineens begrijpt hij het.
Maar hoe werkt het?
Hoe wordt dat metaal zo heet?
Dat moet hij aan Lisa vragen.
Chico kijkt naar buiten.
Er brandt geen licht in het huis aan de overkant.
Er is niets bijzonders te zien.
Dan gaat hij naar beneden.

Hij gaat de kamer in.
Er zit een kind in de box.
Dat is Sandra, zijn nichtje Sandra.
Ze kijkt hem verrast aan.
'Dit is Chico', zegt Lisa.
'Tiko', zegt Sandra.
'Oom Chico.'
'Oom Tiko', zegt Sandra.
Ze lacht.
'Heb je goed geslapen?' vraagt Lisa.
'Ja', zegt Chico.
Hij kijkt om zich heen en wijst naar de verwarming.
'Hoe werkt dat?' vraagt hij.
'Er stroomt heet water doorheen', zegt Lisa.
'Zo worden de huizen verwarmd.'
Chico voelt aan de warme radiator.
Hij kijkt Lisa verwonderd aan.
'Ik moest er ook aan wennen', zegt Lisa.
'Kom, we gaan boodschappen doen.
Henk blijft thuis om op Sandra te passen.'

Chico gaat naar boven.
Hij kamt zijn haren.
Dan pakt hij zijn boekje en schrijft:

Er stroomt heet water door de huizen.
Als een warm, bruisend riviertje.

Hij gaat weer naar beneden.
Lisa doet een jas aan.
'Je moet een muts op', zegt Lisa.
'Je moet een dikke jas aan en een das om.'
Chico wil geen muts op.
Dat staat belachelijk.

Hij heeft net zijn haar gekamd.
En hij wil geen das om.
Hij kijkt naar Lisa.
Die heeft zich al ingepakt.
Ze lijkt wel een eskimo.
Dat ze zo over straat durft!
Maar hij gaat zo niet naar buiten.
Hij wil niet voor gek staan.
Chico doet zijn trui aan.
En een jas van Henk.
Maar hij doet geen das om en ook geen muts op.

Ze gaan naar de winkelstraat.
Chico blijft staan bij een bloemenwinkel.
Hij ziet veel planten die hij kent.
Die groeien in Costa Rica langs de weg.
En hier staan ze in potten en kosten veel geld.
'Die zetten de mensen in huis', zegt Lisa.
Ze gaan verder.
'Kijk, dit is een Surinaamse winkel.
Hier hebben ze van alles', zegt Lisa enthousiast.
'Rechtstreeks uit Zuid-Amerika.
Hier koop ik vaak.'
Ze gaan naar binnen.
Lisa koopt yuca, bakbananen en zoete aardappels.
Ze kopen bananen uit Costa Rica en koffie.
Als ze thuis zijn, gaan ze meteen aan het werk.
Ze maken een tropische soep.
Met bakbananen en zoete aardappels.
Met vlees en yuca.
Chico heeft maïsmeel meegenomen uit Costa Rica.
En zwarte bonen.
'We gaan ook tortillas maken', zegt Lisa.
'We gaan lekker Costaricaans eten.

Ik ben zo blij dat je er bent.'
Chico lacht.
Hij voelt zich al helemaal thuis bij Lisa, Henk en Sandra.

HOOFDSTUK 12

Trudy

Het kanaal is bevroren.
Chico glibbert het ijs op.
Hij doet de schaatsen van Henk aan.
Henk en Lisa ondersteunen hem.
Hij blijft stil staan.
Dat gaat.
Nu een stukje vooruit.
Zijn linkerschaats glijdt weg.
Zijn rechterschaats glijdt weg.
'Help!' roept Chico.
Henk pakt hem beet.
Maar Chico is te zwaar.
Ze vallen allebei op het ijs.
Ze moeten hard lachen.
Chico kan niet meer overeind komen.
Lisa en Henk trekken hem op.
Chico blijft staan.
Hij doet een paar pasjes naar voren.
Hij schuifelt voorzichtig.
'Hoera!' roept Lisa.
'Goed zo, Tiko', zegt Sandra.
Ze zit op een slee.
Henk trekt haar over het ijs.
'Hallo', hoort Chico ineens.
Naast Lisa staat een meisje.
Ze doet haar muts af en schudt haar haren los.
'Dit is Trudy', zegt Lisa.

'Ze woont tegenover ons.'
Chico kijkt haar verrast aan.
Dat meisje heeft hij gezien!
In het huis aan de overkant.
Het leek wel een droom:
dat meisje achter het raam in het gele licht.
Maar hij had het niet gedroomd.
Ze bestaat echt.
'Dit is mijn broer Chico', zegt Lisa.
'Hij is bij ons op vakantie.'
'Ik ben Trudy', zegt het meisje.
'Troedie', zegt Chico.
Trudy lacht.
'Troedie', zegt ze. 'Dat klinkt wel leuk.'
Chico bloost.
'Ze praat een beetje Spaans', zegt Lisa.
'Dat leert ze op school.'
'Een heel klein beetje', zegt Trudy in het Spaans.
'Misschien kan jij haar helpen', zegt Lisa.
'Helpen?' vraagt Chico verward.
'Met Spaanse les', zegt Lisa.
Trudy kijkt Chico verwachtingsvol aan.
'Ik?' vraagt Chico.
'Ja, jij', zegt Lisa.
'Dan leert Trudy jou Nederlands', zegt Lisa enthousiast.
'Ja, leuk', zegt Trudy.
'Ja eh goed, best, o.k.'
Chico voelt ineens het ijs onder zich wegglijden.
Hij grijpt zich vast aan Lisa.
En Lisa pakt Trudy beet.
Chico hoort gegil.
Zijn armen en benen zwiepen alle kanten op.
Dan ligt hij languit op het ijs.
Lisa ligt naast hem.

En Trudy ligt bovenop Lisa.
Ze gieren van het lachen.
Chico kijkt naar Trudy.
Ze heeft een leuke lach.
Ze krabbelen weer op.
'Adios', zegt Trudy.
En ze schaatst verder.

HOOFDSTUK 13

Het verhaal van Lisa

De eerste dagen gaan snel voorbij.
Het is fijn bij Lisa.
Chico hoeft niet te poetsen en te boenen.
Hij mag doen wat hij zelf leuk vindt.
Spelen met Sandra bijvoorbeeld.
Die praat Spaans en Nederlands.
Chico leert Nederlandse woorden van haar.
Af en toe denkt hij aan Trudy.
Het lijkt hem moeilijk om haar les te geven.
Maar hij wil haar wel nog eens zien.
Hij denkt aan haar lachende gezicht, toen ze spartelend
op het ijs lagen.
Ze komt vast niet, denkt Chico.
Elke avond kijkt hij door het raam.
De gordijnen zijn meestal open, maar Trudy ziet hij niet.

Chico vindt het leuk om uitstapjes te maken met Lisa en
Sandra.
'Jij weet overal de weg', zegt Chico bewonderend.
Lisa glimlacht trots.
'Nu wel', zegt ze.
'Maar in het begin was het erg moeilijk.'
Als ze op een avond thuis zijn, vertelt Lisa over haar
eerste tijd in Nederland.
'Ik kon moeilijk wennen', zegt ze.
Ze zitten in de huiskamer en drinken warme
chocolademelk.

Henk is in zijn werkkamer en Sandra slaapt.
Chico snuit af en toe in een zakdoek.
Hij is een beetje verkouden.
'Ik durfde het huis niet uit', zegt Lisa.
'Ik kon met niemand praten.
Henk heeft me goed geholpen.
Hij ging overal met me mee naar toe.
Naar de dokter, naar de tandarts.
Hij ging mee boodschappen doen.'
Chico gaat languit op de bank liggen.
'Toen ging ik naar een cursus Nederlands', zegt Lisa.
'Daar ontmoette ik mensen uit andere landen.
Een vrouw uit Brazilië.
Met haar kon ik praten.
In Brazilië spreken ze Portugees.
Dat lijkt veel op Spaans.
En later merkte ik dat hier meer mensen uit
Latijns-Amerika wonen.
Ik heb nu een vriendin uit Mexico.
En een uit Venezuela.
Gelukkig wonen hier veel buitenlandse mensen.
Ik ben niet de enige.
Maar ik mis jullie wel.
Daarom ben ik zo blij dat jij er bent.'
Lisa neemt een slok chocolademelk.
'Nu ben ik meer gewend', zegt ze.
'Ik ga alleen boodschappen doen.
Ik ga naar dansles.
Ik ken de weg.
In Costa Rica zijn de mensen veel buiten.
Hier leven de mensen binnen, in hun huizen.
Vooral in de winter.'
'Dat snap ik', zegt Chico.
'Daar moet je aan wennen.'

'In Costa Rica kan je ver kijken', zegt Lisa.

'Over de koffievelden.

Of over de zee, op ons eiland.

Als ik nu naar buiten kijk, kijk ik in de kamer van de overburen.

In het huis van Trudy.

Weet je nog, Chico?

We kwamen haar tegen op het ijs.'

Chico kucht.

'Ik denk veel aan ons eiland', gaat Lisa verder.

'Vooral aan mama.

Die mis ik erg.'

'Ze zou graag een keer naar je toe komen', zegt Chico.

'Ja', zegt Lisa.

'Dat zou fijn zijn.

Henk wil haar reis betalen.

Ze moet niet in de winter komen, maar in de zomer.'

Chico knikt.

'Hoe gaat het met opa en oma?' vraagt Lisa.

'Ze drinken veel en maken veel ruzie', zegt Chico.

'Het gaat dus goed met hen.'

Lisa lacht.

'Veel mensen in Costa Rica zijn jaloers op jou, weet je dat?' zegt Chico.

Lisa haalt glimlachend haar schouders op.

'Ze denken dat in Nederland alles beter is dan in Costa Rica.'

'Nederland is een goed land', zegt Lisa.

'Maar niet alles is beter.

Je kunt je hier heel erg alleen voelen.'

Ze is een tijdje stil.

Dan gaat de bel.

Lisa doet open en even later komt Trudy binnen.

HOOFDSTUK 14

De eerste les

Ze zitten tegenover elkaar aan de keukentafel.
Chico en Trudy.
Hoe moet hij nou les geven?
Hij heeft zelf nauwelijks les gehad.
Hij maakt veel fouten in zijn brieven.
Van veel woorden weet hij niet hoe je ze schrijft.
'Kun je tellen?' vraagt Chico.
Trudy knikt.
'Uno, dos, tres, cuatro, cinco, seis, siete...'
Ze telt door tot twintig.
'Nu jij in het Nederlands', zegt ze.
'Een, twee, drie, vier, vijf.'
'Ain twai, drie, vier, faif', zegt Chico.
'Niet ain, maar een', zegt Trudy.
'Een', zegt Chico.
'Twee', zegt Trudy.
'Twee.'
'Drie.'
'Drie.'
'Vier.'
'Vier.'
'Vijf.'
'Faif.'
'Vijf.'
'Faif.'
Ze lachen.
'Wat is dit?' vraagt Chico.

Hij wijst naar zijn neus.

'Neus', zegt Trudy.

'Noos', zegt Chico.

'Bijna goed', zegt Trudy.

Dan wijst ze naar haar ogen.

'Ogen', zegt ze.

'Een oog, twee ogen.'

Chico kijkt naar Trudy's ogen.

'Ogen', zegt hij.

Lisa komt de keuken in.

'Ik praat nog steeds niet goed Nederlands', zegt ze.

'Het is een moeilijke taal.'

'Spaans is ook moeilijk', zegt Trudy.

'Hoe zeg je "lindo" in het Nederlands', vraagt Chico.

'Mooi', zegt Lisa.

'Moj', zegt Chico.

'Troedie moj ogen', zegt Chico.

'Ai!' roept Lisa verrast.

Ze kijkt van Chico naar Trudy en van Trudy naar Chico.

'Dat gaat goed!' zegt ze.

'Jij hebt ook mooie ogen', zegt Trudy.

Lisa klapt in haar handen.

'Mooi!' roept ze.

Dan gaat ze de keuken uit, omdat de bel rinkelt.

'Trudy, je vader', zegt ze, als ze terugkomt.

Trudy staat op.

'Ze is leuk, hè?' fluistert Lisa.

Nog voordat Chico wat kan zeggen is Trudy terug.

Ze kijkt ineens somber.

'Ik moet naar huis', zegt ze verontschuldigend.

'Het was leuk.'

'Kom maar gauw weer eens', zegt Lisa.

Trudy draait zich om.

Even later slaat de deur dicht.

Chico gaat naar zijn slaapkamer.
Hij gaat voor het raam staan.
Hij kan niet door de ruit kijken.
Het heeft te hard gevroren.
Er zit ijs op de ruit.
Bloemen van ijs.
Ze zitten ook aan de binnenkant.
Dat die ruiten niet springen!
Chico probeert het ijs eraf te krabben, maar het is te hard.
Hij opent het raam.
Hij voelt de vrieskou naar binnen komen.
De gordijnen van het huis aan de overkant zijn gesloten.
Waarom keek Trudy ineens zo somber?
Wat heeft haar vader tegen haar gezegd?
Er was iets aan de hand, dat is zeker.
Chico doet het raam weer snel dicht.
De verwarming is uit.
Hij knipt het licht aan en schrijft in zijn boekje.

*In het huis aan de overkant woont een leuk meisje. Ze heet
Trudy. Ik geef haar Spaanse les. Misschien merkt ze niet dat ik
weinig heb geleerd.*

Chico rilt.
Hij gaat in bed liggen.
'Moj ogen', fluistert hij in het donker.

HOOFDSTUK 15

Kerstmis

Het is Kerstmis.
Er zijn veel mensen, die komen eten.
Het zijn vrienden en vriendinnen van Henk en Lisa.
Het is een vrolijk feest.
Er zijn niet alleen Nederlandse mensen.
Er is een vrouw uit Spanje.
Er zijn mensen uit Mexico en Venezuela.
Er is een man uit Aruba en een echtpaar uit Engeland.
Soms hoor je drie talen door elkaar, Nederlands, Spaans
en Engels.
Henk trekt de ene fles wijn na de andere open.
De keuken staat vol met vrouwen.
Ze koken en lachen en praten.
Na het eten wordt er muziek gemaakt en gedanst.
Ze vragen Chico van alles.
'Hoe vind je het in Nederland?'
'Hoe was de reis?'
'Hoe lang blijf je?'
Na al die vragen gaat Chico naar boven.
Hij mist Trudy.
Die zou ook op het feest moeten komen.
Hij kijkt door het raam, naar het huis aan de overkant.
De gordijnen zijn open.
Chico aarzelt, maar pakt dan zijn verrekijker.
Hij tuurt naar Trudy's huis.
Hij ziet een kerstboom, versierd met zilverkleurige ballen.
Trudy's vader zit aan tafel.

Ze gaat zitten.

Ze let nauwelijks op de mensen in de kamer.

Wat heeft ze in haar hand?

Het is een boek.

Ze gaat lezen.

Ze slaat haar benen over elkaar en zakt weg in de stoel.

Dan kijkt ze op, naar haar vader.

Chico richt de kijker op hem.

Hij zegt iets tegen Trudy.

Hij heeft schuim op zijn lip van het bier.

Trudy legt het boek met een boos gezicht naast zich neer.

Chico legt de verrekijker terug.

Beneden klinken muziek en vrolijke stemmen.

Maar bij Trudy thuis is het niet vrolijk.

Chico gaat naar beneden.

'Vind je het leuk?' vraagt Lisa.

'Jammer dat Troedie er niet is', zegt Chico.

'Henk!' roept Lisa.

Henk komt naar Lisa toe.

'Wil je met me dansen?' vraagt hij vrolijk.

'Het gaat om Chico', zegt Lisa.

'Hij mist Trudy een beetje, geloof ik.'

'Lisa!' roept Chico.

'Is dat waar?' vraagt Henk.

'Geen probleem.

Dan nodigen we Trudy toch uit.'

'Doe nou niet', zegt Chico.

Maar Henk is al weg.

Hij gaat de deur uit.

Even later is hij terug.

Zonder Trudy.

'Haar vader zei: Kerstmis is een familiefeest', zegt Henk.

'Dan moeten de kinderen thuisblijven, bij hun familie.

Tja, niets aan te doen.'

'Kom op, Chico', zegt Lisa. 'Dansen.'
Ze pakt Chico bij de hand.
Hij probeert Trudy te vergeten.
En hij danst tot diep in de nacht.

HOOFDSTUK 16

Tropisch Nederland

Tussen kerst en oud en nieuw heeft Henk vakantie.
Ze maken uitstapjes.
Ze gaan op bezoek bij de ouders van Henk.
'Ze hebben me goed geholpen', vertelt Lisa.
'Ik voel me thuis bij hen.
Het zijn lieve schatten.'
Ze praat met Henks ouders.
Chico begrijpt er niets van.
Hij kan zich voorstellen hoe Lisa zich voelde in het begin.
Die vreemde klanken!
Wat betekenen ze?
En Lisa begrijpt ze nu.
Lisa kijkt naar Chico en glimlacht.
'In het begin kon ik niet met ze praten', zegt ze.
'Ik verstond geen woord van wat ze zeiden.
Maar nu wel.'
Ze gaan met de ouders van Henk naar een grote
dierentuin.
Er zijn ook tropische tuinen.
Van de winterkou stappen ze zo in de tropen.
Lisa en Chico zien veel dieren en planten die ze uit Costa
Rica kennen.
Lisa vertelt honderduit aan Henks ouders.
'Die vogel hebben we ook op ons eiland', zegt ze.
'En zo'n boom staat bij mijn ouders huis.
Het is een tamarinde.'
'Grappig, hè?' zegt Henk tegen Chico.

'In Nederland zijn stukjes Costa Rica.
De mensen dromen hier van de tropen.
Ze gaan er op vakantie of ze gaan er wonen.'
Chico lacht.
Voor hem is Holland altijd een droom geweest.
Zijn grootste wens was om sneeuw en ijs te zien.
Om een vreemd land te leren kennen.
En de mensen hier dromen van de warmte.
'Mensen willen altijd ergens anders zijn', zegt Henk.
'Maar ik wil nog een poosje hier blijven', zegt Lisa.
'In de tropische tuin.'

Na de dierentuin bezoeken ze een boerderij.
Daar worden koeien gemolken met melkmachines en er
wordt kaas gemaakt.
's Avonds eten ze boerenkool met worst.
Chico vindt het niet lekker.
Maar hij eet braaf zijn bord leeg.

HOOFDSTUK 17

Mooie maan, mooie sterren

De volgende dag is het oudjaar.
Ze gaan 's nachts om twaalf uur de straat op.
Met een glas champagne.
Ze kijken naar het vuurwerk.
In Costa Rica is vuurwerk verboden.
Omdat er te veel ongelukken gebeuren.
Chico is met oud en nieuw altijd op het eiland van
zijn ouders.
Dan maken ze vuren op het strand.
En ze dansen tot diep in de nacht.
Daar kun je zwemmen met oud en nieuw.
Maar hier is het ijskoud.
Chico kijkt naar het vuurwerk.
Het is prachtig.
Een enorm kabaal van voetzoekers en duizendklappers.
In de straat hangt een dikke walm.
Henk vult de glazen bij.
Tientallen mensen trekken door de straat.
Sommigen komen naar Henk en Lisa toe.
Dan komt Trudy haar huis uit.
Ze loopt naar Chico toe.
'Feliz año nuevo', zegt ze.
Gelukkig nieuwjaar.
En ze kust Chico op zijn wang.
'Ga je mee wandelen?' vraagt ze.
Chico kijkt haar verrast aan.
Lisa heeft het gehoord.

66

'Doe maar', zegt ze.
'Hier is de sleutel.'
Ze geeft hem de huissleutel.
'Veel plezier', zegt ze.

Ze lopen zwijgend naast elkaar.
Het is een koude, heldere avond.
Kruitdampen hangen in de straten.
Af en toe schiet er nog een vuurpijl de lucht in.
'La luna', zegt Chico.
'La luna', zegt Trudy, 'de maan.'
'De man', zegt Chico.
'Mááááán', zegt Trudy.
'Mááááán', zegt Chico.
'Estrellas', zegt Trudy, 'sterren.'
'Esterren', zegt Chico.
'Ssssssterren', zegt Trudy.
'Ssssssterren', zegt Chico.
Ze kijken elkaar aan en lachen.
Het is grappig om elkaars taal te leren.
'Que linda noche', zegt Chico.
'Si', zegt Trudy, 'que linda noche.
Wat een mooie nacht.'
'Wat tun moje nasjt', zegt Chico.
Trudy lacht.
'Jij praat leuk Nederlands', zegt ze.
'Me gusta. Ik vind het leuk.'
Ze lopen zwijgend door.
'Moje mááááán', zegt Chico.
'Moje ssssterren.
Moj meisje jij.'
'Gracias', zegt Trudy.
'Dank je wel.'

Ze gaan een bar in.

Het is er druk en warm.

'Hoe vind je het hier?' vraagt Trudy.

'Te veel mensen', zegt Chico.

'Ja', zegt Trudy, 'veel te veel mensen.'

Ze verlaten de drukte.

De straten worden steeds leger.

Overal ligt afval van het vuurwerk.

'Ik heb het koud', zegt Trudy.

Chico slaat een arm om haar heen.

'Zo is het beter', zegt Trudy.

'Jij lief', zegt Chico.

Trudy kruipt tegen hem aan en geeft hem een kus.

'Beso', zegt Chico.

'Kus', zegt Trudy.

'Koes', zegt Chico.

'Twee koes.'

Trudy geeft hem nog een kus.

Ze blijven staan en kussen elkaar op de mond.

Dan lopen ze langzaam naar huis.

Om de paar meter blijven ze staan en kussen ze elkaar.

Het duurt lang voordat ze thuis zijn.

'Dag', zegt Trudy.

'Dag', zegt Chico.

Trudy gaat naar binnen.

Chico steekt verward de sleutel in het slot.

Hij kan niet geloven wat er is gebeurd.

Nog nooit heeft hij een meisje zo gekust.

Nog nooit heeft hij zich zo zweverig gevoeld.

Hij gaat naar binnen.

Alles is stil.

Hij loopt de trap op.

In de slaapkamer gaat hij voor het raam staan.

Er brandt licht in een kamer aan de overkant.

Dat zal Trudy's slaapkamer zijn.
Het licht gaat uit.
Chico doet de lamp in zijn kamer aan.
Hij schrijft.

Het is nieuwjaar. Ik heb Trudy gekust. Wel honderd keer.
Ik geloof dat ik verliefd ben.

Chico kruipt in bed.
'Moje mááááán', fluistert hij.
'Moje ssssterren.
Koes.'
Hij glimlacht en valt in slaap.

HOOFDSTUK 18

Eindeloos ver weg

'Hoe was het gisteren?' vraagt Lisa.
'Leuk', zegt Chico, 'heel leuk.'
Lisa kijkt hem doordringend aan.
'Ben je verliefd op Trudy?' vraagt ze.
Chico haalt zijn schouders op.
Hij wil er met Lisa niet over praten.
Hij wil de wandeling met Trudy koesteren als een droom.
Lisa glimlacht.
Ze vraagt gelukkig niets meer.
De dag gaat rustig voorbij.
Trudy ziet hij die dag niet.
's Avonds staat hij weer voor het raam.
Hij kijkt naar buiten.
Het is donker.
Hij kijkt naar het huis aan de overkant.
Trudy zit aan tafel.
Hij kan het nog niet geloven.
Daar zit het meisje dat hij heeft gekust.
Chico pakt zijn verrekijker.
Het is net alsof hij haar kan aanraken als hij zijn hand
uitsteekt.
De verrekijker vertekent.
Trudy is een beetje dubbel.
En het licht is wat streperig.
Hij moet de verrekijker heel stil houden.
Ja zo.
Nu ziet hij haar goed.

Hij steekt zijn hand uit.
In gedachten streelt hij haar haren.
En haar arm en hij raakt haar borsten aan.
Hij voelt iets wat hij nog nooit heeft gevoeld.
Een wonderlijke tinteling in zijn hele lichaam.
Chico zucht.
Trudy lijkt zo dichtbij.
Maar eigenlijk is ze ver weg.
Eindeloos ver weg.
Over een tijdje gaat hij weer terug naar Costa Rica.
En dan ziet hij haar misschien nooit meer.
'Troedie', fluistert hij.
En nog eens: 'Troedie.'

HOOFDSTUK 19

Fijne weken

De volgende dag gaat Lisa naar haar cursus Nederlands.
Ze neemt Sandra mee.
Henk is weer naar zijn werk.
Chico is alleen thuis.
Hij zet de cd-speler aan en kijkt naar buiten.
Het is rustig op straat.
Het is rustig in huis.
Holland is een rustig land, denkt Chico.
Bij zijn zus Rosa is het nooit rustig.
Daar gaat honderd keer per dag de telefoon.
Elke dag komt er bezoek.
Iedereen loopt er in en uit.
Je bent er nooit alleen.
Kinderen rennen in en rond het huis.
Het is er altijd lawaaiig.
De mensen in Holland leven binnen.
Vooral in de winter.
Logisch, het is te koud op straat.
In Costa Rica leven de mensen buiten.
Vooral op het eiland.
'De mensen hier maken afspraken', had Lisa gezegd.
'Ze komen bijna nooit onverwacht op bezoek.
Ze bellen eerst even.
Ze leven met een agenda.'
Chico schrijft het in zijn aantekeningenboekje:

De mensen maken afspraken.
Ze leven met een agenda.

Er was nog een zin die hij wilde onthouden.
Wat was dat ook alweer?
O ja.

Chico schrijft de zin op.

Als het glad is, wordt er zout op straat gestrooid.
Dat heb ik zelf gezien.

Daar zullen ze in Costa Rica van opkijken.
Zout op straat.
Dan gaat Chico de afwas doen.
En daarna gaat hij stofzuigen.
Bij het opruimen vindt hij een tekenboek.
En kleurpotloden en waterverf en penselen.
Die zijn van Sandra.
Hij legt ze op tafel.
Hij maakt een tekening van waterverf.
Uren is hij alleen.
Hij kan doen wat hij wil.
Afwassen en stofzuigen.
Daar is hij zo mee klaar.
Hij kan luisteren naar zijn muziek.
En niemand zegt: 'Hé, zet 's wat anders op.'
Hij hoeft niet steeds eten klaar te maken voor het bezoek.
Uren alleen.
Nu kan hij tekenen.
Hij vindt een emmertje klei en boetseert een beeldje.
Het wordt een liggend meisje.
Hij kneedt haar liefdevol.
Het beeldje is klaar.

74

Chico kijkt ernaar.

Het is niet slecht.

'Wat zijn ogen zien, maken zijn handen.'

Dat zeiden de mensen als ze over Pablo spraken.

Chico wil dat de mensen dat ook van hem zeggen.

'Kijk, dat is Chico.

Het is zo knap wat hij doet.

Wat zijn ogen zien, maken zijn handen.'

Chico zucht en staart naar buiten.

De bel gaat.

Troedie, denkt Chico.

Maar er staat een vreemde man voor de deur.

Hij zegt wat, maar Chico begrijpt er geen woord van.

Het zweet breekt hem uit.

'Ik versta u niet', zegt Chico in het Spaans.

De man kijkt hem raar aan.

Dan loopt hij door en belt aan bij het volgende huis.

Chico doet snel de deur dicht.

Even later wordt er weer gebeld.

Chico doet niet open.

Een vreemde man, denkt hij.

Maar dan ziet hij Trudy.

Ze kijkt door het raam en tikt tegen het glas.

Chico gaat snel naar de voordeur.

Hij laat haar binnen.

Trudy ziet er stralend uit.

Ze kust hem.

Ze praten.

Nou ja, praten...

Ze proberen te praten.

Trudy begrijpt lang niet alles wat Chico zegt.

En Chico begrijpt Trudy vaak niet.

Ze spreekt nog niet zo goed Spaans.

Maar het is niet erg.

Ze vinden het fijn om bij elkaar te zijn.
Ze lachen veel.
Chico begrijpt dat Trudy een paar uur vrij had van school.
Daarom kon ze naar hem toe.

Die week komt ze nog een paar keer.
En de week erop ook.
Het zijn fijne weken.
Chico tekent en schildert.
En soms komt Trudy.
Ze kan 's avonds moeilijk weg, vertelt ze.
Haar vader is nogal streng.
Hij was heel kwaad geweest toen ze op nieuwjaarsnacht zo
laat thuis kwam.
Ze wil weg van huis.
Ze wil alleen op kamers wonen.
Het duurde lang voordat Chico dat begreep.
Op kamers wonen.
In Costa Rica kent hij niemand die op kamers woont.
Wie wil er nu alleen op een klein kamertje wonen?
'Dat is hier gewoon', zegt Trudy.

Ineens rinkelt de telefoon.
Hij laat hem een paar keer rinkelen.
Dan pakt hij toch maar op.
Het is Lisa.
Ze vraagt of hij het vlees uit de vriezer wil halen.
Dan kan het vast ontdooien.
Chico vertelt het aan Trudy.
'Ik moet het vlees uit de vriezer halen', zegt hij.
Ze moeten er erg om lachen.
Lisa weet niet dat Trudy hem bezoekt.
Ze hoeft niet alles te weten.
Trudy legt wat uit.

Ze wijst naar Chico en dan naar zichzelf.
Ze wijst naar de vriezer en naar het vlees.
Dan begrijpt Chico wat ze wil zeggen:
jij hebt mij uit de vriezer gehaald.
Bij jou ontdooi ik, bij jou voel ik me warm worden.
Ze lacht.
Ze kruipt tegen Chico aan.
Het is niet belangrijk, dat ze maar een paar woorden
hebben.
Woorden zorgen vaak voor misverstanden.
Mensen praten en praten en begrijpen niets van elkaar.
Maar een arm om je middel,
een liefdevolle hand op je wang,
ogen die je echt aankijken,
die zeggen oneindig veel meer dan duizend woorden.

Ja, het zijn fijne weken.
Weken die eeuwig zouden moeten duren.
Chico schrijft in zijn boekje:

Veel jonge mensen wonen alleen op kamers.
Dat is hier gewoon.

HOOFDSTUK 20

De klap

Tot op een dag alles verandert.
Chico is op zijn slaapkamer.
Twee weken heeft hij niet meer naar het huis aan de
overkant gekeken.
Hij wilde het niet meer.
Hij is toch geen gluurder?
Maar nu opent hij de gordijnen.
Alsof hij voelt dat er wat gaat gebeuren.
Hij ziet Trudy.
Hij ziet haar vader.
Haar vader komt naar haar toe.
Hij heeft een kwaad gezicht.
Hij is vuurrood.
Zijn mond gaat ver open.
Het lijkt of hij tegen haar schreeuwt.
Dan steekt hij zijn hand uit.
Die zwiept door de lucht.
Hij geeft Trudy een klap in haar gezicht!
Trudy huilt.
Tranen glijden over haar gezicht.
Dan gaat haar vader naar het raam.
Hij kijkt naar links en naar rechts en trekt nijdig de
gordijnen dicht.
Chico's hart klopt in zijn keel.
Wat een rotzak!
Even later gaat de buitendeur open.
Trudy loopt woedend de straat op.
De deur slaat hard achter haar dicht.

Chico kijkt haar geschokt na.
Hij wil achter haar aan.
Maar hij doet niets.
Hij voelt zijn benen trillen.
Hij blijft nog lang zo staan.
Dan gaat hij in bed liggen.
Chico kan niet slapen.
Hij ziet steeds de hand van Trudy's vader.
De hand die Trudy trof op haar gezicht.
Waarom hadden ze ruzie?
Waarom werd ze geslagen?

Die week komt Trudy niet op bezoek.
Ze heeft gebeld.
'Ik logeer bij een vriendin', zei ze.
'Die woont op kamers.
Er is iets gebeurd.
Ik kan er niet over praten.'

Chico denkt na over de klap die Trudy van haar vader
kreeg.
Het is vreemd.
Niemand weet van die ruzie.
Als hij niet toevallig door het raam had gekeken, zou
niemand het gemerkt hebben.
In Costa Rica blijft een ruzie nooit verborgen.
Er zijn vrouwen die zo op straat met elkaar vechten.
Kinderen vertellen dat hun ouders ruzie hebben.
Hij vond Holland al zo rustig.
Het lijkt net alsof de mensen geen ruzie maken.
Maar ze doen het stiekem.
De buren mogen het niet weten.

De volgende dag vertelt hij alles aan Lisa.
Ze luistert ademloos toe.
'Ai, Chico', zegt ze dan.
'Wat fijn dat je verliefd bent.
En wat naar dat ze ruzie heeft met haar vader.'
'Ik wil haar nog een keer zien voordat ik wegga', zegt
Chico.
'Ze komt vast nog', troost Lisa.

HOOFDSTUK 21

De brief

Maar Trudy komt niet meer.
Een paar dagen voor zijn vertrek, ontvangt Chico een brief van haar.
Ze schrijft:

'Lieve Chico,

Het spijt me dat ik niet meer bij je kan komen.
Ik wil niet meer bij mijn ouders wonen.
Ik heb een vreselijke ruzie met mijn vader.
Alles wat ik doe, vindt hij fout.
Hij is te bezorgd, denk ik.
Ik ben zijn enige dochter.
Hij denkt dat ik nog een kind ben.
Dat ik zelf geen beslissingen kan nemen.
Ik mag niet met jongens omgaan.
Ik mag niet met jou omgaan.
Hij heeft me geslagen.
Ik ben woedend.
Ik durf de straat niet meer in.
Ik ben woedend en bang.
Ik woon nu bij een vriendin.
Ik hou nog steeds van je.
Jij bent de liefste jongen die ik ooit heb ontmoet.
Maar alles is zo moeilijk.
Jij gaat terug naar Costa Rica.
Dat heerlijke, warme land.

En ik blijf alleen achter.
Het liefst zou ik met je meegaan en alle zorgen
achter me laten.
Maar dat kan niet.
Nog niet.
Misschien in de toekomst.
Ik ga sparen voor de reis.
Ik wil je nog eens zien.
Daar droom ik van.
Schrijf me.
Stuur me je adres en ik schrijf jou.

Veel liefs, Trudy.

P.S. Ik heb deze brief geschreven met behulp van een
woordenboek.
Ik heb er een hele avond over gedaan.
Ik ga op school erg mijn best doen met Spaans.'

Daaronder staat een adres.

Chico leest de brief vele malen over.
Dan gaat hij naar buiten, naar het kanaal.
Het dooit.
Er ligt water op het ijs.
Nu schaatst niemand er meer op.
In een wak zwemmen eenden en meeuwen.
Ongeveer op de plek waar hij Trudy voor het eerst heeft
gesproken.
Hij ziet zichzelf weer op schaatsen staan.
Hij hoort Trudy lachen toen ze onderuit gleden.
'Misschien in de toekomst', denkt hij.
'Daar droom ik van.'
Dan gaat hij terug naar huis.

HOOFDSTUK 22

Het afscheid

Lisa heeft vrienden en familie uitgenodigd.
Er is feest.
Het afscheidsfeest van Chico.
Morgen gaat hij terug naar Costa Rica.
Zijn spullen staan al ingepakt voor de terugreis.
De kamer is versierd.
Hij krijgt cadeautjes.
'Jammer dat je weer weggaat', zegt Lisa.
'Gaat Tiko weg?' vraagt Sandra.
'Niet leuk.
Tiko moet altijd blijven.
Tiko is lief.'
Chico lacht.
Hij pakt Sandra op en knuffelt haar.
'Over een jaar gaan we naar Costa Rica', zegt Lisa.
'Dan kan je Chico weer zien.'
'Tiko moet blijven', houdt Sandra vol.
Een paar gasten komen bij hen staan.
'Hoe vond je het in Nederland?'
'Hij heeft geschaatst.'
'Hij wordt de schaatskampioen van Costa Rica.'
'Wanneer kom je terug?'
Chico glimlacht maar wat.
Het feest gaat een beetje langs hem heen.
Als de bezoekers weg zijn, gaat hij naar zijn slaapkamer.
Nog een keer kijkt hij naar het huis aan de overkant.
Het is er donker.

De volgende dag brengen Lisa en Henk hem naar het
vliegveld.
Weer een afscheid.
Een avonturier neemt veel afscheid, denkt Chico.
'Dag lief broertje van me', zegt Lisa.
'Dag Chico', zegt Henk.
'Het was fijn dat je er was.'

In het vliegtuig trekt Chico zijn trui uit.
Die heeft hij voorlopig niet meer nodig.
Chico denkt aan Henk.
Die zei op een avond:
'Costa Rica heeft mijn leven veranderd.
In Nederland hebben de mensen altijd haast.
In Costa Rica lopen ze langzamer.'
'Dat is waar', zei Lisa.
'De tijd gaat hier sneller.'
'Hoe kan dat nou?' vroeg Chico.
'Hoe kan tijd nu sneller gaan?'
Chico pakt zijn boekje en schrijft.

De tijd is snel gegaan.
Holland heeft mijn leven veranderd.

Wat moet hij doen als hij terug is?
Vloeren schrobben, poetsen, eten koken.
En brieven schrijven naar Trudy.
Schrobben, poetsen, eten koken.
En tekenen, schilderen en kleien, net als Pablo.
Hij wil alles kunnen maken.
Kanalen, bevroren kanalen met schaatsers.
Hij zal Trudy boetseren.
Liefdevol zullen zijn vingers de klei kneden.
De vormen van haar lichaam.

Hij zal zijn kamer volhangen met tekeningen en schilderijen.
Met beeldjes.
Wat zijn ogen zien, maken zijn handen.
Wie weet komt Trudy ooit bij hem op bezoek in Costa Rica.
En Chico gaat ooit terug naar Holland.
Dat weet hij zeker.
En dan...
Dan zal alles anders zijn.
Chico voelt tranen kriebelen op zijn wangen en lippen.
Hij tuurt uit het vliegtuigraampje.
Langzaam wordt het donker.
'Moje mááááán', denkt hij, 'moje ssssterren.'
En hij likt het zout van zijn lippen.

Aan dit boek in de Troef-reeks is financiële
ondersteuning verleend door het
Mien van 't Sant Fonds.

De Troef-reeks komt tot stand in samen-
werking met de FODOK.

Vormgeving Studio Birnie
Illustraties Thé Tjong-Khing

Eerste druk, eerste oplage 1999
Eerste druk, tweede oplage 2008

ISBN 978 90 73460 84 3
NUR 283 en 286